그물을 당겨라

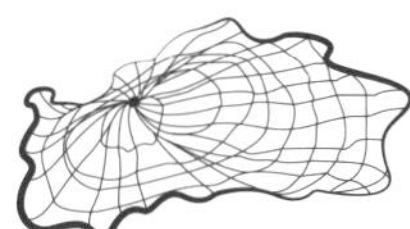

대각성전도집회 다락방 시리즈

1

옥한흠

국제제자훈련원

옥한흠 대각성전도집회 다락방 시리즈

1. 그물을 당겨라
2. 선교 비전 땅끝까지
3. 성령의 능력에 의존하라
4. 당신은 사도의 계승자이다
5. 전해야 산다
6. 한 영혼을 주님께로
7. 왜, 누가, 무엇을, 어떻게
8. 나를 섬기려면 나를 따르라

옥한흠 대각성전도집회 다락방 시리즈 1

그물을 당겨라

초판　1쇄 발행　1999년 10월 16일
초판 16쇄 발행　2023년 7월 27일

지은이 옥한흠

펴낸이 오정현
펴낸곳 국제제자훈련원
등록번호 제2013–000170호 (2013년 9월 25일)
주소 서울시 서초구 효령로68길 98 (서초동)
전화 02) 3489–4300　**팩스** 02) 3489–4329
이메일 dmipress@sarang.org

저작권자 (C) 옥한흠. 1999, *Printed in Korea*
이 책은 저작권법에 의해 보호를 받는 저작물이므로 저자와 출판사의 허락 없이
내용의 일부를 인용하거나 발췌하는 것을 금합니다.

ISBN 978–89–88850–08–4 03230

*책값은 뒤표지에 있습니다. 잘못된 책은 구입하신 곳에서 교환해드립니다.

국제제자훈련원은 건강한 교회를 꿈꾸는 목회의 동반자로서 제자 삼는 사역을 중심으로
성경적 목회 모델을 제시함으로 세계 교회를 섬기는 전문 사역 기관입니다.

교재 사용에 대하여

제자훈련을 하고 있는 교회라면 대각성전도집회를 1년에 한 번씩 갖는 것이 좋다. 제자훈련을 통해 축적된 영적인 힘을 발휘할 수 있는 기회를 만들어주기 때문이다. 또한 교회가 영적으로 수혈을 받고 새롭게 일어나는 계기가 된다. 새로운 생명이 태어나는 산실인 대각성전도집회가 시작되면 교회는 영적인 잔치 분위기를 맛보게 될 것이다.

대각성전도집회는 준비 기간을 길게 두고 치밀한 준비를 해야 한다. 우리 마음에 안주하려는 습성을 깨고 새롭게 힘을 모으기 위해서는 적어도 5~6개월 전부터 치밀한 준비가 있어야 한다. 특별히 다락방(구역)을 중심으로 영적으로 무장하며, 합심하여 기도로 준비하는 것은 대단히 중요하다.

이를 위해 지금까지 전도집회를 앞두고 다락방에서 사용해온 교재를 내어놓게 되었다. 다소나마 도움이 되길 바라며, 이 교재를 사용하기 원하면 다음 몇 가지를 참고해 주기 바란다.

1. 이 교재는 소그룹에서 귀납법적인 방법으로 성경을 공부하도록 만들어졌다. 그러므로 지도자는 소그룹 환경에서 귀납법적으로 성경을 공부하는 것이 무엇인지를 반드시 배우지 않으면 안 된다.
2. 이 교재는 교역자가 매주 소그룹 지도자들을 먼저 예습시킨 다음 사용하게 해야 바람직한 효과를 기대할 수 있다. 평신도에게 던져주고 그들 마음대로 사용하게 하는 것은 좋지 않다.
3. 소그룹에 참석하는 자들은 반드시 미리 예습을 하도록 권장해야 한다.
4. 한 과의 내용을 다 공부하려면 두 시간 이상이 필요하다. 그러므로 문제에 따라 답만 찾아보고 넘어가야 할 것과 함께 토의하면서 진지하게 적용해야 할 것을 잘 구별해서 시간 안배를 하는 것이 좋다.

차례

03   **교재 사용에 대하여**

05   1. 전도는 하나님의 유일한 뜻이다
09   2. 전도는 예수님의 최대 명령이다
13   3. 전도는 성령이 오신 궁극적인 목적이다
17   4. 전도는 교회가 존재하는 본질적인 이유이다
21   5. 전도자의 축복
25   6. 그물을 당겨라

1. 전도는 하나님의 유일한 뜻이다

전도가 하나님의 뜻과 어떤 관계에 있는지를 공부한다.

토의내용

1. 하나님의 뜻을 설명해 보라. (요한복음 6:40, 참고/ 디모데전서 2:4)

2. 예수님은 하나님의 뜻과 어떤 관계를 가지고 있는가? (요한복음 4:34, 6:39)

3. 예수님은 하나님의 뜻에 철저히 순종하셨다. 어느 정도로 순종하셨는가?
   (빌립보서 2:8)

4. 하나님의 뜻이 우리를 위해 어떻게 나타났는가?

 • 에베소서 1:4, 5, 11

 • 야고보서 1:18

5. 하나님의 뜻은 어떤 특징을 가지고 있는가? (히브리서 6:17, 참고/ 로마서 11:29)

6. 하나님이 자기의 뜻을 다 이루시면 세계는 어떻게 되는가? (마태복음 24:14)

7. 지금까지 공부한 내용을 가지고 하나님의 뜻이 무언인가를 다시 한번 정리해 보자.

8. 우리가 전도한다는 것은 무엇을 의미하는 것인가? 그리고 그 반대는 무엇을 의미하는가?

9. 우리가 하나님의 자녀라면 아버지의 뜻을 위해 우리가 최우선으로 해야하는 것은 무엇인가? (마태복음 6:9, 10)

10. 당신은 전도를 위해 금년 한 해 동안 어떻게 기도해 왔는가?

11. 금번 대각성전도집회에 인도할 전도 대상자들을 4명 이상 정하고 그들을 위
해 매일 어떻게 기도해 줄 것인가를 각각 이야기하자.

2. 전도는 예수님의 최대 명령

마태복음 28:16-20

예수님이 남긴 가장 준엄한 명령은 전도였다.

토의내용

1. 마태복음 28장 16-20절 읽고 대답하라.

• **명령의 내용**

• **명령하신 때**

• **명령의 권위**

• **보장과 위안**

2. 베드로와 요한은 예수님의 명령을 얼마나 절대적인 것으로 생각했는가?
   (사도행전 4:18-20, 5:28-29)

3. 사도바울은 예수님의 명령에 어떻게 순종할 각오를 하고 있었는가? (사도행
   전 20:24)

4. 바울은 전도가 명령이므로 순종하지 아니하면 어떠한 결과가 따를 것으로 보
   았다. 어떤 결과인가? (고린도전서 9:16, 17, 참고/ 누가복음 12:47, 48)

5. 당신은 전도가 예수님의 지상 명령이므로 불순종하면 죄가 된다고 생각해 본
   일이 있는가?

6. 우리가 전도 명령에 불순종해서 주변에 사는 수많은 영혼들이 멸망하고 있다
   면, 그 책임을 피할 수 있다고 생각하는가? (참고/ 에스겔 3:17, 18)

7. 예수님의 제자는 순종하지 못하는 죄가 있으면 마음의 고통이 따른다. 전도하
   지 아니한 고통을 심하게 느껴 본 일이 있는가?

8. 신앙 성장은 불순종으로 인해 치명적인 피해를 본다. 전도하지 않는 생활이
   당신의 신앙 성장에 어떠한 피해를 주었다고 생각하는가?

9. 금년에 당신은 몇 사람에게 복음을 전했는가?

10. 이번 대각성전도집회에 인도할 대상자의 명단을 내어놓고 각자 소개하면서
    함께 기도해 주자.

3. 전도는 성령이 오신 궁극적인 목적이다

성령은 왜 오셨는가? 그의 강림과 전도의 관계는 무엇인가?

토의 내용

1. 하나님이 말세에 모든 신자에게 주시기로 약속하신 것은 무엇인가? (사도행전 2:17)

2. 성령을 주시는 중요한 조건은 무엇인가? (요한복음 16:7, 사도행전 1:4, 5)

3. 성령이 오시는 목적은 무엇인가? (사도행전 1:8)

4. 성령의 도움이 없이 증인이 될 수 있는가? (누가복음 24:47-49)

5. 성령의 능력을 받기 전과 받은 후의 차이를 베드로의 경우를 통해 비교해 보
   자. (마태복음 26:33-35, 26:74, 75, 사도행전 5:29-32)

6. 오순절에 임하신 성령은 지금 누구와 함께 하는가? (고린도전서 2:12)

7. 전도를 하는 일이나 그 뒤에 따르는 열매는 성령과 어떤 관계가 있는가?
(고린도전서 2:4, 5)

8. 당신은 성령이 함께 하신다고 믿는가? (참고/ 로마서 8:9)

9. 성령이 우리 안에 거하심이 확실하다면 우선적으로 그가 당신을 무엇으로 만들려고 하실까? 그 이유는 무엇인가?

10. 우리가 성령충만하지 못하다는 증거를 어디에서 먼저 확인할 수 있는가?
(사도행전 4:29-31)

11. 우리가 전도를 기피하는 것은 우리 안에 거하시는 성령을 슬프게 하는 일이
다. 그럴 때 나에게 어떤 현상이 영적으로 나타나는지 이야기해 보자.

4. 전도는 교회가 존재하는 본질적인 이유이다

흔히들 교회가 왜 존재하는가를 잘 모르고 있다. 그래서 교회가 많아진다든지 커지면 불평들을 한다. 그러나…

토의내용

1. 신약시대의 교회는 언제 태동하기 시작했는가? (요한복음 20:19-21)

2. 이 교회가 세상 앞에서 그 모습을 분명히 들어낸 것은 언제인가? (사도행전 2:1-8)

3. 이 교회가 세워진 장소인 세상의 형편은 어떠한가? (요한복음 4:35)

4. 이 교회를 구성하고 있는 자들의 신분은 무엇인가? (사도행전 2:32)

5. 교회를 일컬어서 하나님의 나라라고 부르기도 한다. 그 나라의 성격과 마지막 은 어떻게 되는가? (마태복음 13:31, 32)

6. 하나님의 자녀가 지닌 사명의 양면성을 말해 보라.

• 에베소서 1:4, 5 (참고/ 요한복음 15:16)

• 베드로전서 2:9 (참고/ 요한복음 20:21)

7. 지금까지 공부한 내용을 종합하여 우리가 내릴 수 있는 결론이 무엇인가?
   교회가 존재하는 원인이 어디에 있다고 할 수 있는가?

8. 전도와 선교를 위한 헌신과 투자를 중단한 교회가 있다면 그런 교회를 어떻게
   보아야 하겠는가?

9. 당신은 교회가 계속 늘어나고 동시에 대교회들이 많아지는데 대해 어떻게 생
   각하는가?

10. 당신은 교회의 일원이다. 교회의 선교적 본질에 일치하는 신자가 되기 위해
    일상 생활가운데서 가장 우선 순위에 두고 살아야 하는 것이 무엇이라고 생
    각하는가?

11. 당신의 형편은 교회의 본질에 일치하는가? 아니면 이질적인가? 그리고 그 이
유를 말해 보라.

5. 전도자의 축복

전도는 해산의 고통이 따르는 반면 새 생명을 얻는 큰 기쁨을 안겨준다.

토의내용

1. 전도자가 겪을 수 있는 어려움에 대해 성경은 무엇이라고 말씀하는가? (누가복음 10:3, 고린도전서 9:19, 갈라디아서 4:19)

2. 우리가 전도하면서 체험한 어려움을 이야기해 보자.

3. 전도자가 당하는 고난은 무엇으로 보상되는가? (마태복음 5:10, 11-12, 누가복음 10:20)

4. 현실적으로 전도하면서 우리가 누릴 수 있는 축복은 무엇인가? (누가복음 10:17, 21, 15:32)

5. 당신의 생애 가운데 전도하여, 한 생명을 구원하면서 체험한 기쁨이 있었다면 이야기해 보라.

6. 전도자가 감사할 수 있는 특권은 또 무엇이 있는가? (사도행전 5:41)

7. 전도의 열매가 장차 예수님이 재림하실 때 우리에게 안겨 줄 수 있는 축복은
무엇인가? (데살로니가전서 2:19, 20)

8. 당신이 전도를 등한히 하여 누리지 못하는 것들을 다음 사항에서 찾아 보라.

① 기쁨

② 성령의 권능

③ 그리스도를 위한다는 긍지

④ 신앙 성장

⑤ 구원의 확신

⑥ 이웃사랑

9. 지금 전도대상자로 선정하고 기도하며 접촉 중에 있는 자들의 형편과 그 동안
   의 경과 사항을 각자 이야기해보자. (전도책자, 전도용 설교테이프 사용과 함께)

10. 사도행전 4장 29-31절을 함께 읽고 그 의미를 정리한 다음 대각성 전도집회
    를 위해 합심해서 기도하자. (전도대상자, 전도자, 집회 강사들을 위해)

6. 그물을 당겨라

요한복음 1:34-42

우리가 준비하면서 기다리던 전도집회가 한 주일 앞으로 다가왔다. 그물을 당겨라. 힘껏.

토의내용

요한복음 1장 34-42절을 읽고 우리가 실제적으로 어떻게 전도해야 하는가를 연구해 보자.

1. 안드레는 전도의 첫 상대로 누구를 택했는가?

2. 그 이유가 무엇이라고 생각하는가?

3. '안드레-시몬'의 관계는 전도에서 왜 중요한가?

4. 당신의 시몬을 이야기해 보라.

5. 안드레가 사람을 낚는 낚시로 사용한 것은 무엇이었는가?

6. 그가 그렇게 한 이유를 고린도전서 2장 1-5절을 가지고 검토해 보자.

7. 로마서 1장 16절에서 복음의 능력이 무엇이라고 했는가?

8. 당신은 예수 그리스도를 부끄러워하지 않고 전할 수 있는 준비가 되어 있는가?

9. 안드레가 마지막으로 시몬을 위해 봉사한 일은 무엇인가?

10. 금주 동안 우리 모두는 이 봉사를 열심히 해야 한다. 각자가 데리고 나올 사
람들의 이름을 다시 한번 정리하고 함께 기도하자.